LES PSAUMES
DE LA PENITENCE
DU ROI FRANCOIS I^e

DESCRIPTION D'UN IN-12 SUR VELIN

CONTENANT

LE TEXTE LATIN DES PSAUMES DE LA PÉNITENCE

cum fgu s e ca a e b ex nulla na e a o po ti

Par Ernest AUMERLE

ISSOUDUN
H. COTARD IMPRIMEUR LIBRAIRE
MDCCC

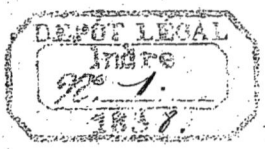

LES PSAUMES
DE LA PÉNITENCE
DU ROI FRANÇOIS Ier.

DESCRIPTION D'UN IN-12 SUR VÉLIN,

CONTENANT

LE TEXTE LATIN DES PSAUMES DE LA PÉNITENCE,
« cum figuris et caracteribus ex nulla materia compositis »

Par Ernest AUMERLE.

Voici ce qu'on lit dans *l'Histoire de l'Imprimerie*, par M. Dupont, député au Corps législatif :

« On appelle le *livre unique*, l'ouvrage intitulé
« *Liber passionis Domini nostri Jesu-Christi, cum
« figuris et caracteribus ex nulla materia compositis*...
« On le voyait encore à Bruxelles en 1640, dans le
« cabinet du prince de Ligne.

« Ce livret in-12 contient vingt-quatre feuillets,
« y compris neuf estampes. Le vélin en est de la
« plus grande blancheur et du plus beau poli. Le

« 1ᵉʳ feuillet, qui sert de frontispice, représente des
« H couronnés, entremêlés de roses. Le 2ᵉ, qui est
« également une vignette, a pour dessin les armes
« d'Angleterre, avec la devise : *Honny soit qui mal*
« *y pense*. Au-dessous de cette devise, on aperçoit
« une rose et deux herses, qui sont les armes de
« Henry VII, parvenu au trône en 1481 et mort
« en 1509. On présume que ce livre remarquable
« a été fait entre ces deux époques.

« Au 3ᵉ feuillet commence *Passio Domini nostri*
« *Jesu-Christi, secundum Johannem. Cap. XVIII.* Le
« texte entier de la Passion occupe quatre feuillets.
« Sept autres représentent les principaux mystères
« de la Passion et sont placés à côté du texte qui
« les cite. Sur chaque feuillet on a découpé, avec
« la pointe d'un canif ou d'un instrument fort
« tranchant, toutes les lettres et les traits des
« figures qui y avaient été préalablement dessinées.

« Par cette opération, chaque feuillet se trouve
« percé à jour et ne représente que différentes es-
« pèces de vides. Entre chaque feuillet de vélin on
« a intercalé une feuille volante de papier bleu qui
« laisse voir les lettres et les figures aussi distincte-
« ment que si elles étaient gravées ou imprimées. »
— Paul Dupont. Tome II, page 162 et suivante.
Paris, 1854.

Je ne sais à quelles sources l'honorable écrivain
a puisé pour formuler son opinion : Ce livre, dit-il,
se voyait encore en 1640 à Bruxelles ; cette forme
dubitative donnée à sa pensée peut faire croire que

depuis plus de deux siècles ce curieux ouvrage a disparu, et qu'il ne se trouve plus au nombre des livres que le prince de Ligne actuel conserve dans sa bibliothèque du château de Belœil.

S'il en était ainsi, tout en déplorant un malheur irréparable pour l'histoire des beaux-arts, je pourrais espérer de combler cette lacune, puisque j'ai entre les mains un livre exécuté d'après les mêmes procédés, mais avec un luxe et un soin qui me semblent plus grands encore. C'est le texte latin des Psaumes de la pénitence, *cum figuris et caracteribus ex nulla materia compositis.* Possédé par ma famille depuis plus de 150 ans, ce volume serait ainsi l'unique spécimen d'une façon d'illustration des livres, particulière au 16e siècle, illustration que l'on pourrait peut-être appeler de la *dermotypotemnie.* C'est l'effort ingénieux d'une lutte suprême de la miniature, qui cherche à égaler en se transformant la gravure sur bois ou sur acier, et l'imprimerie, qui vont vulgariser les livres. Négligé par les possesseurs qui, tout en admirant ses beautés matérielles, n'en soupçonnaient pas la haute valeur artistique, caché pendant les mauvais jours de 93, cet in-12 a subi quelques dégradations qu'une restauration habile pourrait, j'en suis persuadé, faire facilement disparaître (1).

---

(1) En rappelant des souvenirs confus et éloignés de nos lectures, nous croyons avoir vu quelque part que le livre de la Passion a été possédé non point par Henry VII, mais par Henry VIII, ardent catholique vers 1520. Ne pourrait-on pas supposer qu'il a été un des curieux présents offerts par Fran-

26 feuillets de vélin, précieusement choisis sans doute par l'un des quatre maîtres parcheminiers jurés de la ville de Paris (1) ont été consacrés à l'exécution de cet ouvrage.

Le 1ᵉʳ feuillet contient les initiales de François Iᵉʳ et les fleurs de lys de France.

Le 2ᵉ, les armes, les emblèmes, les devises du roi.

Le 3ᵉ, *Bethsabée au bain*, et le commencement du psaume 6.

Le 4ᵉ, la suite du psaume.

Le 5ᵉ, la fin du psaume. *David congédiant Urie*, et le commencement du psaume 31.

Le 6ᵉ, la suite du psaume.

Le 7ᵉ, la fin du psaume 31 et le commencement du psaume 37.

Le 8ᵉ, *la mort d'Urie* et la suite du psaume.

Le 9ᵉ, la suite du psaume.

Le 10ᵉ, la suite du psaume.

Le 11ᵉ, la fin du psaume et la *pénitence de David.*

Le 12ᵉ, le commencement du psaume 50.

Le 13ᵉ, la suite du psaume.

Le 14ᵉ, la fin du psaume 50 et le commencement du psaume 101.

çois Iᵉʳ à ce roi d'Angleterre, à la célèbre entrevue du camp du Drap-d'Or; et que la duchesse d'Alençon aurait commandé plus tard à l'ornemaniste français les Psaumes de la pénitence? Ce serait alors la continuation de la même pensée, et le travail du même artiste, un de ces moines illustres et occupés, plus nombreux dans les cloîtres que pourraient le faire supposer les diatribes envenimées de Luther et de Calvin. Si le livre de la Passion existe encore à Belœil, la comparaison des deux procédés donnerait tort ou raison à cette hypothèse.

(1) Lettres patentes de 1488.

Le 15ᵉ, *le sacrifice de David*, et la suite du psaume.
Le 16ᵉ, la suite du psaume.
Le 17ᵉ, la suite du psaume.
Le 18ᵉ, la fin du psaume.
Le 19ᵉ, *David recevant la femme sage de la ville de Thecua*, et le commencement du psaume 129.
Le 20ᵉ, la fin du psaume 129 et le commencement du psaume 142.
Le 21ᵉ, *le trône de Salomon* et la suite du psaume.
Le 22ᵉ, la suite du psaume.
Le 23ᵉ, la fin du psaume et de l'ouvrage.
En outre trois feuillets de vélin sans lettres ni ornements.

Expliquons d'abord ce que l'on doit entendre par ces mots, *cum figuris et caracteribus ex nulla materia compositis.*

Les figures et les encadrements ont été découpés, *à la silhouette*, suivant leurs contours, à l'aide d'un instrument très acéré et très fin. Les ombres sont indiquées par des hachures. Pour faire ressortir le contour des figures, des encadrements et de certaines lettres majuscules, le relieur a intercalé entre les feuillets de parchemin, à la fantaisie *raisonnée* de l'artiste, des pages de papier ou de satin or, bleu (azur), rouge (gueules), noir (sable), qui servent de fond, de repoussoir aux sujets apparaissant alors avec leurs fins et précieux détails découpés à jour dans le vélin. Telle une application de dentelle sur velours noir. Les hachures, les lettres du corps de l'ouvrage apparaissent par contre, diversement enluminées suivant la couleur du fond ou repoussoir.

La composition des tableaux est naïve d'expression et d'attitude. Les personnages sont couverts de vêtements crevetés à l'Espagnole, suivant la mode adoptée au 16e siècle par les cours polies de l'Europe occidentale. Le faire est presqu'entièrement français, sentant encore son archaïsme et son terroir. Point ou peu d'emprunts aux écoles italiennes, alors si florissantes. C'est plus nature et moins guindé que les œuvres de nos miniaturistes antérieurs en date. Une très grande difficulté a été abordée par l'artiste, et souvent il est parvenu à la vaincre : c'est la perspective. Une heureuse combinaison de hachures tailladées et de lignes droites lui a permis d'obtenir des effets de second plan qu'on croirait refusés à une semblable composition.

Les letres minuscules sont très lisibles, mais traitées avec un sans gêne qui me donnerait à penser qu'un élève inhabile a dû y mettre la main.

Les majuscules qui commencent chaque psaume, celles qui décorent les feuillets 1er et 2e, sont d'un fini et d'une délicatesse d'ornementation qu'envieraient les missels les plus précieusement enluminés.

Chaque feuillet, à l'exception du premier, est enguirlandé d'une vignette fouillée avec amour par l'habile et prodigieuse patience d'un grand artiste inconnu. Elles diffèrent toutes entre elles; à peine si quelques portions d'arabesques des unes, diversement combinées, se retrouvent dans la composition des autres. Les craintes et l'espoir du Psalmiste semblent rejaillir sur ces décorations mystiques, qui accompagnent, comme des orchestrations muettes, la mélopée du chant hébraïque. Avec les craintes, des ornements simples, des nœuds ou lacs, des chaînes se détachant sur un fond noir; avec l'espoir, des fleurs, des oiseaux, des fauves, sur fond or ou azur, se jouent au milieu des volutes contournées du vélin pour former des méandres pleins de goût et de fraîcheur.

En faisant la description minutieuse des diverses parties de cet ouvrage, nous allons tâcher d'établir, qu'il a été buriné pour le roi chevalier, ce protecteur quinteux des beaux-arts, sous les auspices et l'inspiration d'une sœur aimée, la Marguerite des marguerites, la providence des artistes, des savants, des libres penseurs de cette époque ardente, et que ce cadeau royal n'a été qu'une longue allégorie illustrée, un appel à la miséricorde de François Ier en faveur du connétable de Bourbon. En effet, l'allégorie joue un rôle important dans ce livre. Les abstractions mystiques de la philosophie et de la religion, les dissertations quintessenciées des poètes et des théologiens se reflétaient sur les habitudes élégantes d'une civilisation à la fois sensuelle et dogmatique; c'était comme une époque de transition entre le *Roman de la Rose* et celui de l'*Astrée*. La pensée, mise à l'étroit par les échafauds de Henri VIII, la garotte et les bûchers de Charles-Quint et de François Ier, tentait cependant de se faire la place qui lui convient au soleil. Rabelais créait son panthéon mystérieux, et habillant la raison en masque, allait flagellant de ses gigantesques allégories, ridicules, abus, rois, empereurs, pontifes. Aussi croyons-nous voir l'artiste luttant, sous l'œil bienveillant de Marguerite, contre l'impuissance et le danger; tenter laborieusement de donner à sa manière une haute leçon à la tête couronnée, tout en paraissant représenter d'une façon naïve les amours adultères, la pénitence éclatante, la miséricorde infinie, et la gloire sans pareille du grand législateur hébreu.

Ce principe admis, le côté légendaire s'interprète facilement.

Le 1er feuillet n'est qu'une blanche dentelle sur fond azur, au milieu de laquelle sont brodées au burin, avec une désespérante perfection, des fleurs de lys et des F sans nombre surmontés d'une couronne fleurdelysée et fermée.

Le 2e feuillet contient l'antique écusson de France avec ses trois fleurs de lys. Le grand cordon de Saint-Michel est jeté à l'entour, soutenant un médaillon qui représente l'archange cuirassé comme un chevalier et frappant de son épée le dragon terrassé. Au-dessus de l'écusson se voit une couronne fleurdelysée et fermée que surmonte un crucifix splendidement exécuté. Une banderolle de vélin, qui entoure la croix et le corps du Christ, laisse lire sur ses festons : *Deus, Deus meus, quare me dereliquisti.* A côté du Christ, à gauche, un texte hébreu;

à droite, un fragment du psaume 117 : *Lapidê quê reprobraverût œdificâtes : fact'est in caput âguli* (1). A dextre de l'écusson royal, deux F coiffés de la couronne fermée; au-dessous des F, un médaillon avec une salamandre au milieu des flammes; à senestre, répétition de ces emblêmes héraldiques. Toute cette page historiée est du fini le plus précieux; elle peut, à la volonté du lecteur, reposer sur fond d'or ou sur fond d'azur, couleur royale.

Armes de France, initiales couronnées, grand cordon de Saint-Michel, médaillons de salamandres défiant le feu le plus ardent; voilà, si je ne me trompe, bien des pièces du blason et des devises du roi François Ier. L'illustre donataire va se révéler tout à l'heure.

Le 3e feuillet représente Bethsabée au bain : chaste, pudique, elle enveloppe tant bien que mal sa belle nudité de blanches draperies. Deux suivantes lui présentent dans des vases précieux les mets destinés à réparer ses forces. La buire de l'une et la vaisselle de l'autre sont modelées de façon à rendre jaloux Benvenuto et Palissy. Cependant, le roi David, diadème au front, contemple ce spectacle d'un balcon de son palais (2). A la par-

---

(1) La pierre la quelle les edifiants ont reprouvée, icelle a été faite pour le chef de l'anglet.
(Bible traduite en français par les docteurs en théologie de l'Université de Louvain. Imprimée à Lyon, 1599, d'après l'édition originale d'Anvers, de Christophe Plantin.)

(2) ...... Il advint que David se levait de son lit après midi, et qu'il se pour-

tie supérieure et centrale de l'encadrement cintré du tableau se voit une gentille petite tête ailée. Est-ce un divin *cherub?* un profane *cupido?* En rapprochant cet emblème de quelques autres disséminés dans le livre, il devient aisé de se faire une idée juste de sa valeur énigmatique. Au milieu de la vignette sont noyées des fleurs de lys surmontées d'une couronne non fermée; au dessous sont sculptés des M couronnés de même. Ces M semblent éclore au milieu des fleurs de souci. Au bas du feuillet, dans l'encadrement, des fleurs de souci et des M unis et séparés à la fois par les volutes du vélin.

Au feuillet 10, la vignette, sobre d'ornements sur fond noir, comporte à droite et à gauche deux M sans couronne. Ces majuscules sont comme rivées par des stigmates à l'encadrement.

Le feuillet 12 commence le psaume 50, *Miserere mei, Deus.* L'M du mot *miserere* est couronné et fleurdelysé. Dans l'intérieur de la vignette se détachent des fleurs de souci couronnées et des fleurs de lys sans couronne, au milieu d'arabesques brillantes et fantastiques.

Le feuillet 19 représente le roi David sur son

---

menait au grenier de la maison royale. Et vit une femme à l'endroit de lui, de dessus son grenier, laquelle se lavait. Et la femme était fort belle.

3. Et le roi donc envoya et s'enquêta quelle femme c'était. Et lui fut dit que c'était Bethsabée, fille d'Eliam, femme d'Urie l'Hethéen.

4. David donc, envoyant des messagers, l'enleva. Laquelle, quand fut entrée à lui, il dormit avec elle.

(DES ROIS, Livre II, ch. XI.)

trône, diadème oriental en tête. Un riche manteau se drape sur ses épaules; il tient en sa main la verge de justice. A ses pieds, à genoux, une femme coiffée d'une couronne non fermée, la cordelière de veuve à la ceinture, semble lui adresser une prière (1). La pose de ce personnage est pleine de grâce et de sentiment; l'artiste a prodigué des détails d'exécution qui donnent à cette composition une valeur sans égale. Je serais presque tenté de croire qu'il a voulu, en représentant la femme sage

---

(1) Et Joab, fils de Sarvias, entendant que le cœur du roi était tourné envers Absalon, il envoya en Thecua.

2. Et amena d'illec une femme sage et lui dit: Fais semblant de plorer et te vêts d'un vêtement de deuil, et ne sois point ointe d'huile, afin que tu sois comme la femme qui de longtemps lamente celui qui est mort.

3. Et entreras vers le roi et lui diras telles manières de paroles. Et Joab mit les paroles en la bouche d'icelle.

4. Et aussi, quand la femme Thecuite fut entrée vers le roi, elle cheut devant lui sur la terre et l'adora, et dit: O roi, garde-moi!

5. Et le roi lui dit: Quelle cause as-tu? Laquelle répondit: Las! je suis une femme veuve.....

6. Et ta servante avait deux fils, lesquels ont pris noise l'un contre l'autre..... et l'un a frappé l'autre et l'a occis.

7. Et voilà toute la cognation s'élevant à l'encontre de ta servante..... demande d'esteindre mon étincelle qui m'est demeurée, afin qu'il ne demeure point de nom à mon mari.....

11. ..... Que le roi ait souvenance du Seigneur, son Dieu; que les prochains du sang ne soient pas multipliés pour se venger, et qu'ils ne mettent point à mort mon fils!.....

14. Nous mourrons tous, et nous écoulerons en terre comme les eaux qui ne retournent point. Ainsi Dieu ne veut point que l'âme soit perdue. Mais pense et repense, afin que celui qui est dejeté ne soit du tout perdu.....

19. Et le roi dit: La main de Joab n'est-elle pas avec toi en toutes ces choses-cy? Et la femme répondit..... Ton serviteur Joab m'a..... mis lui-même en la bouche de ta servante toutes ces paroles-cy.....

21. Et le roi dit à Joab..... Va donc et rappelle l'enfant Absalon.

(Rois, Livre II, ch. XXIV.)

apostée par Joab, faire le portrait de cette tant gracieuse Marguerite, veuve alors du duc d'Alençon, mort à Lyon en 1525. — Un écuyer l'accompagne, drapé d'un grand manteau sans broderies, il semble attendre avec anxiété le résultat de cette entrevue. L'artiste aurait-il ici découpé son visage, et dans cette anxiété doit-on voir le sentiment qui l'animait à la pensée de la présentation de son œuvre à François Ier? Au second plan est un hallebardier assez maladroitement équilibré sur des jambes cagneuses qui supportent un buste déformé. A ses côtés un jeune page, le toquet empanaché sur l'oreille, s'accoude, plein de nonchaloir, à la Raphaël, sur les balustres de la salle du trône. Sa pose élégante, son riche costume, s'éclairent de la laideur caricaturale et de l'accoutrement grotesque de son malencontreux compagnon.

Ne voilà-t-il pas, en quelque sorte, la signature de celle qui fut reine de Navarre? Ses titres, son nom, sont établis par la couronne ducale qui surmonte ses initiales, sa famille par les lys, ses armes parlantes par les fleurs de souci. Car on sait qu'elle avait adopté pour devise un souci tourné vers le soleil, avec cette légende : *Non inferiora secutus*.

Marguerite d'Angoulême, duchesse d'Alençon et de Berry (1517), comtesse d'Armagnac et de Perche, que le roi François Ier appelait sa *mignonne*, est une des physionomies les plus radieuses et les plus sympathiques de l'histoire de notre pays. Sa petite cour d'Alençon, et plus tard celle de Nérac et de

Pau, était le refuge de tous les arts, de toutes les sciences, — de tous les persécutés. Noblement familière avec les écrivains dont elle égalait la renommée, elle se réfugiait dans l'étude et la méditation pour oublier les chagrins causés par deux unions mal assorties, mais commandées par l'intérêt politique du royaume (1). Le duc d'Alençon, son premier mari, s'était enfui honteusement de Pavie. Le roi de Navarre, jaloux, grossier, brutal, ne fit que des efforts impuissants pour reprendre à l'empereur la partie de ses états située en Espagne. Puis, comme elle était friande de toutes les nouveautés, Henry d'Albret, à l'instigation du roi très-chrétien, la privait, violemment quelquefois, de ses serviteurs les plus érudits. Dolet était brûlé en place Maubert, Marot s'enfuyait nuitamment à Genève, où Calvin et Théodore de Bèze l'avaient précédé : les yeux de la pauvre reine pleuraient alors comme ceux des pauvres femmes. Son frère, son ardente affection, fait prisonnier à Pavie, laissait la France minée par la base. Marguerite, alors, allait trouver l'empereur, et, dit Brantôme, lui parlait *si bravement et si honnêtement sur ce mauvais traitement qu'il en était étonné.* Nous comprenons dès-lors pourquoi ces M comme cloués aux arabesques de vélin, et se détachant sur un fond noir. Ce n'est pas la plus grande dame de France, c'est la chrétienne qui éprouve durement que titres, emblèmes, devises,

---

(1) *Fœmina omnibus ingenii et animi dotibus exculta.*
(De Thou. Livre 6, tome 1er.)

jeunesse, espérance, beauté, puissance pèsent et se dissipent comme un fétu aux mains du Très-Haut. Mais le roi son frère, lui est-il rendu ; un espoir, un beau rêve de bonheur est-il devenu possible ; la honte de Pavie est-elle effacée par un traité qu'on éludera, Marguerite semble commander à l'artiste de mettre en sa faveur, au vent, les conceptions les plus raffinées. A l'heureuse sœur les couronnes héraldiques, à la jeune et savante duchesse les couronnes des arts et de la beauté. Ah ! je crois bien qu'il faut voir dans cette veuve qui vient supplier le roi David de ne point frapper ses proches, je crois bien, qu'il faut voir une invocation muette et éloquente en faveur d'un illustre guerrier implacablement poursuivi par un frère, et vers qui la jeune veuve sentait son cœur irrésistiblement prendre sa volée, en dépit d'une mère et de la politique : mais cette prière si digne et si touchante ne fut point écoutée, et Bourbon, qu'on ne rappela pas, immortalisa son infamie en tombant en héros sous les murs de Rome.

Continuons : et les allégories nous semblent plus lumineuses encore.

Au 5ᵉ feuillet, nous voyons le roi David sur son trône. Urie, genou en terre, pot en tête, rapière au flanc, reçoit des ordres écrits (1). L'infortuné

---

(1) 14. Le matin donc vint, et David écrivit une épitre à Joab, et l'envoya par la main d'Urie, écrivant en l'épitre :

15. Mettez Urie à la pointe de la bataille, là où la bataille est la plus forte, et laissez-le, afin qu'étant frappé, il meure.

(DES ROIS, Liv. II, chap. XI.)

capitaine est loin de ressembler à l'Adonis antique. Trapu, vigoureusement établi sur des jambes arquées, il a l'encolure et la prestance d'un Reître allemand en habit de cour. Au second plan, une sorte d'officier d'Estradiots, un des chevaucheurs de l'armée de David, contemple, l'œil agrandi, le poing sur la hanche, cette scène dont il ne paraît pas comprendre la sinistre conséquence. Des vêtements très ornés, très élégants, laissent se dessiner une musculature énergique promettant, qu'il fera pénétrer au plus profond de la mêlée sa bonne épée à deux taillants, son bonnet empanaché à la hongroise et ses moustaches pendantes à la moscovite. Dans l'intérieur des vignettes se jouent des oiseaux, des écureuils, un lièvre, un chien.

Le feuillet 8 représente la mort d'Urie. Joad, d'après l'ordre de David, a fait combattre Urie l'Hetheen là où se trouvaient les hommes forts de Rabba (1), et Urie a été occis. Autour de son corps se livre une furieuse mêlée. Épées contre épées, poitrines contre poitrines; homme à homme. La massue menace, les hallebardes s'abaissent, les boucliers se heurtent;

Signa minantia signis.

Toutes ces figures ont un entrain de pose, une vivacité d'expression extraordinaires; la colère, la

---

(1). Comme donc Joab assiégeait la cité, il mit Urie là où il savait que les hommes étaient très forts.

17. Et les hommes sortis de la cité bataillaient à l'encontre de Joab. Et tombèrent du peuple des serviteurs de David : Et aussi mourut Urie Hetheen.

(DES ROIS. Liv. II, chap. XI.)

rage, les blessures, la mort; toutes les passions, toutes les souffrances sont rendues d'une manière fière, savante et naïve à la fois. Les vignettes font par leur élégance un contraste suprême avec ce sanglant tableau : on dirait une idylle bocagère.

En bas on trouve, quoi ? un lévrier poursuivant un cerf.

Avec le feuillet 11, nous sommes au désert. Sion apparaît dans le lointain, comme une forteresse crénelée. Au ciel, un ange : sa main droite tient une épée, sa gauche une flèche et des verges. David à genoux (1), l'œil contrit, les mains étendues, dirige ses regards vers le ministre implacable d'un Dieu vengeur. Ce n'est plus le monarque devant qui tout s'incline, qui dispose impunément de la brebis unique de son pauvre voisin, pour donner viandes et festins à l'étranger qui vient vi-

---

(1) 10. Lors le cœur de David le frappa, après que le peuple fut nombré : Et David dit au Seigneur : J'ay grandement péché en ce fait-ci. Mais, Seigneur, je te prie que tu transfères l'iniquité de ton serviteur, car j'ai fait trop follement.

11. ......Et la parole du Seigneur fut faite à Gad le prophète et le voyant de David, disant :

12. Va, et parle à David. Ces paroles dit le Seigneur : L'option de trois choses t'est donnée, et si l'une de celles que la choisiras, et je te ferai.

13. Et quand Gad fut venu à David..... Ou la famine te viendra par l'espace de sept ans en ta terre, ou tu fuieras tes adversaires l'espace de trois mois, et iceux te poursuivront, ou certainement la peste sera par trois jours en ta terre.

14. Et David dit à Gad : Je suis trop angoissé de toutes parts : mais il vaut mieux que je tombe ès mains du Seigneur (car ses miséricordes sont grandes) qu'ès mains des hommes.

15. Et le Seigneur envoya la pestilence en Israël, depuis le matin jusqu'au temps ordonné.

(Des Rois. Liv. II, chap. XXIV.)

siter son tabernacle (1) : c'est la créature qui a offensé le Créateur et qui, si elle ne s'amende, va tomber aux mains de Jehovah. Un de ces voyants qui accompagnaient les monarques hébreux, et qui par la sainteté de leur vie, avaient mérité l'insigne honneur de contempler sans mourir la face du Très-Haut, s'approche du roi, appuyant son grand âge sur une crosse rustique. Sa main gauche montre le chérubin flamboyant; on lit sur une banderolle qui va en se tortillant de son pouce au ciel : *Trium tibi datur optio*. Terrible alternative! terrible vengeance! Mais aussi quel signe éclatant de la puissance du dispensateur des grandeurs humaines! Oui, voilà David dans toute sa gloire, David qui vient d'ordonner, dans sa su-

---

(1) 1. Le Seigneur donc envoya Nathan à David. Lequel, quand il fut venu à lui, il lui dit : Deux hommes étaient dans une cité, l'un riche et l'autre pauvre.

2. Le riche avait des brebis et des bœufs en grand nombre.

3. Mais le pauvre n'avait totalement rien, sinon une petite brebis qu'il avait achetée, et l'avait nourrie, et icelle était crue chez lui, ensemble avec ses enfants, mangeant de son pain et beuvant de son gobelet, et dormant en son sein, et lui était comme fille.

4. Mais, comme aucun étranger fut venu au riche, cettuy épargnant prendre de ses brebis et de ses bœufs pour faire un banquet à ce passant.... il prit au pauvre la brebis et en appareilla viandes..... Et David, fort courroucé par indignation à l'encontre de cet homme-là, dit à Nathan : Le Seigneur vit, que cet homme qui a fait cela, est fils de mort.....

7. .....Or, Nathan dit à David : Tu es cet homme.....

9. Pourquoi donc as-tu contemné la parole du Seigneur?.... Tu as mis à mort par l'épée Urie Hetheen et t'as pris pour femme la femme d'iceluy, et l'as mis à mort par l'épée des enfants d'Ammon.

10. Pour laquelle chose, l'épée ne se partira point de ta maison jusqu'à toujours, pour ce que tu m'as méprisé.

(DES ROIS. Liv. II, chap. XII.)

perbe, le dénombrement de ses guerriers, qui a voulu savoir combien de combattants en Israël, combien de chevaucheurs en Juda : le voilà *ès-mains* de celui auquel la création de l'immensité n'a coûté qu'un désir. *Ego sum qui peccavi ! Ego inique egi !* répond David. Mais, dit le prophète, choisis, choisis, choisis ! et David : *melius ut incidam in manus Dei quam hominum.* Les vignettes, très charmantes, offrent dans le bas du feuillet deux dauphins affrontés. Que penser de tout ceci ? Quelles conséquences emblématiques ?

François 1er rudoie, trahit, néglige la reine Claude, pauvre et chaste fleur sans parfum, pour la dame de Châteaubriant, qui sut si noblement, comme une autre La Vallière, pleurer sa scandaleuse élévation. C'était pour elle que Marguerite composait d'ingénieuses devises, que François faisait graver, dans l'or et l'argent, par ses artistes italiens, et que l'abandonnée lui renvoyait fondues en lingots, lorsque ce dissipateur économe lui réclamait les gages de sa prodigalité. Le sire de Châteaubriant, sur les terres duquel le bon roi braconnait sans gêne, n'était-il pas un peu tortu, cagneux, bossu; du reste, qui eut osé résister à un roi-soleil, idolâtré par la noblesse qu'il conviait à ses fêtes, célébré par les artistes qu'il enrichissait, béni par le tiers qu'il menait bravement aux batailles? Peut-être en cherchant bien trouverait-on, dans les mémoires du temps, une historiette ayant trait aux malheurs d'Urie.

Mais Dieu devait en France se montrer plus sévère qu'en Judée, à l'impudicité et à l'orgueil. Le roi vient de créer ses légions provinciales, le noyau de cette infanterie française qui passa sur le ventre des Lansquenets et des vieilles bandes espagnoles qui, dit Bossuet, s'avançaient à Rocroy comme une tour. Il a fait, si je puis m'exprimer ainsi, le dénombrement des forces vives de la France. Mais pour avoir été trop présomptueux à Pavie, dans le courage indiscipliné de cette noblesse qui avait pourtant fait merveille à Marignan, il est tombé *ès-mains* des hommes. Il pleure sa captivité, avec des larmes de honte, en Italie, dans les jardins de l'Alcazar, à Madrid; et, pour acheter sa liberté d'un ennemi avare, il est obligé d'engager son avenir, sa sainte espérance, ses deux enfants! François et Henri, comme l'indiquent ces deux dauphins affrontés.

Poursuivons. Le feuillet 15 représente le sacrifice de David : le fond est noir, le roi est à genoux devant un autel, à la base duquel s'enroulent deux dauphins. Les flammes qui consument l'agneau expiatoire s'élèvent jusqu'au Très-Haut entouré de ses chérubins (1). Dieu étend ses bras vers

---

(1) 17. Et David dit au Seigneur : quand il vit l'ange frappant le peuple : C'est moi qui ai péché et fait injustement; ceux-ci, qui sont brebis, qu'ont-ils fait ?.....

18. Et Gad vint à David..... et lui dit : Monte et ordonne pour le Seigneur un autel en l'aire d'Arcuna Jébuséen.

25. Et David édifia illec un autel au Seigneur et offrit holocaustes et sacrifices pacifiques, et le Seigneur fut appaisé à la terre.

(DES ROIS. Liv. II, chap. XXIV.)

David et annonce qu'il a reçu favorablement ce sacrifice. Sur une bande de vélin est écrit : *Sacrificiû Deo, spirit' conturbulatus*. Les vignettes latérales sont remplies de fleurs et de feuillages qui s'élancent, avec une triste uniformité, de quatre vases naïvement représentés; au haut et au bas du feuillet des colombes, messagères équivoques, égayent un peu la composition. Mais le temps des épreuves est passé, François a péché, le repentir est venu, et Dieu s'est laissé désarmer. On a conduit le roi sous escorte jusqu'à la Bidassoa, il a touché le sol de la France, et s'est écrié, par trois fois : *Je suis encore roi !* Puis les alliés sont arrivés de toutes parts. Rome, Londres, Florence, Venise, les Suisses se sont ligués avec lui pour courir sus à l'Aigle germanique. La Bourgogne qu'il a aliénée veut rester française et le délie d'un serment injurieux : il va redevenir le roi vainqueur.

Par une dernière supplique, Marguerite semble placer ses leçons et ses désirs sous la sauvegarde de la justice éternelle. Que voyons-nous au feuillet 21 ? Est-ce une transfiguration de David, incarné dans Salomon ? N'est-ce pas plutôt l'exaltation de François Ier, auquel cette rude conseillère, l'adversité, va permettre d'apprécier à leur véritable point de vue et de juger d'un œil clair, dégagé de passion, les intérêts, les besoins, les désirs, les fantaisies, tout ce qui fait la vie des hommes et des nations. Sur un trône plein de magnificence est assis un potentat. Sa main gauche tient la verge de justice, sa droite est étendue sur un livre ouvert (1). La tiare diadèmée laisse voir un visage plein de mansuétude et de sérénité. Six degrés conduisent à son trône, et sur chaque degré, à droite et à gauche, se distingue un lion paresseusement accroupi. Ce tableau, ainsi que celui de David congédiant Urie, se détache sur fond azur. Encore un emblême : l'espoir impur? l'espoir purifié?

Et cette dernière objurgation de la vignette à fond noir du feuillet 22, c'est le *Memento quia pulvis*. De chaque côté on voit deux hérons affrontés dans leur nid; plus bas une dague, puis un écu avec un lion passant; au-dessous un casque fermé; plus bas un gantelet, puis une miséricorde, puis des fleurs, puis... une tête de mort. Ne dirait-on pas la réalisation sur vélin de ces belles pensées de Victor Hugo :

> Toutes les choses de la terre :
> Gloire, fortune militaire,
> Couronne éclatante des rois,
> Victoire aux ailes embrasées,
> Ambitions réalisées
> Ne sont jamais sur nous posées
> Que comme l'oiseau sur les toits.

Quant à la date de cet ouvrage, nous la plaçons

---

(1) 18. Aussi le roi Salomon fit un grand trône d'ivoire et le couvrit d'or fort reluisant.

19. Lequel avait six degrés, et le haut du trône était rond en la partie de derrière, et deux appuies d'un côté et d'autre tenant le siége, et deux lions se tenaient sur chacune appuie. Et douze petits lions étaient sur six degrés d'un côté et d'autre.

(DES ROIS. Livre III.)

entre 1515, avénement de François Ier, et 1527, époque du second mariage de Marguerite.

Nous signalerons quelques fautes dans le texte des psaumes. Feuillet 6°, *e* oublié dans *inveteraverunt inveterav rût* (sic). Feuillet 7°, *t* oublié dans *sagittæ*, écrit *sagitæ* (sic). Feuillet 8°, *a* mutilé dans *peccatorum*. Feuillet 15°, sur la bande du vélin, *u* oublié dans *conturbulatus*, écrit *contrbulatus* (sic).

La ponctuation est assez incomplète, cependant chaque verset est séparé du répons par une majuscule précédée du deux-points, de la virgule ou du point d'interrogation tourné vers la droite. Les abréviations sont fréquentes, les *u* et les *v* se ressemblent, l'alinéa est inconnu.

La reliure, en cuir noir de Russie, gaufrée et relevée de riches ornements d'or, paraît plus moderne que le texte. A l'intérieur se trouvent quelques feuilles de papier contemporaines de la reliure, puisqu'elles sont comme l'ouvrage ébarbées et dorées sur tranche. Dans l'intérieur de leur pâte se dessine l'écusson de France accolé à un autre écusson qu'il m'a été impossible de blasonner. Il est surmonté de la couronne royale et suspend le cordon de l'ordre du Saint-Esprit.

On voit encore des traces de fermoirs qui ont été enlevés à une époque inconnue.

Tel est le singulier chef-d'œuvre dont j'ai cherché à rendre un compte exact.

ENVOI

A M. J. ROBERT, A CERÉ.

Mon cher Jules,

C'est chez toi, cet été, — aux champs, — que m'est venue l'idée de tenter d'interpréter ces vingt-trois feuillets de vélin, qui cachent tant de mystérieux et élégants symboles sous leurs dentelles burinées.

Je ne jetais plus qu'un regard distrait sur tes moissons jaunissantes et les beaux produits de tes étables et bergeries, qui donnent un si grand relief à tes travaux agricoles. Je rêvais en lisant Rabelais, et son œuvre monstrueuse réveillait pour moi, comme par enchantement, tous les raffinements étranges d'une civilisation endormie depuis trois cents ans. — Peu à peu, il m'a semblé que les ténèbres se coloraient d'une prestigieuse lumière, et que dans ce monument singulier devait exister autre chose qu'une illustration stérile des Psaumes de la pénitence. — J'ai consulté les textes bibliques ; j'ai relu, à bâtons rompus, tout ce qu'on peut se procurer dans un pays où les documents historiques font malheureusement défaut ; et je suis arrivé à la conclusion que tu sais. — J'ai jugé, presque par intuition, — apportant discrètement ma pièce héroïque au procès de Charles de Bourbon. Cette tragique histoire du Connétable est un de ces arcanes historiques plus fréquents qu'on ne semble le croire. — Ai-je deviné une partie du mystère ? Il n'importe. — Relisons ensemble la devise de la reine de Navarre : Non inferiora secutus.

Ton neveu et ami,

Ernest AUMERLE.

Issoudun, décembre 1857.

IMPRIMERIE DE H. COTARD, A ISSOUDUN.